A. FANTON

CHIRURGIEN-DENTISTE A ORLÉANS

SA VIE, SON TEMPS, SON ŒUVRE

PAR SON FILS

RICHARD FANTON

Chirurgien-dentiste, Diplômé de l'École dentaire de Paris,
Dentiste des Hospices d'Orléans.

AVEC UNE NOTICE BIOGRAPHIQUE

PAR

LE Dr TH. DAVID

Directeur de l'École dentaire de Paris

PARIS

J.-B. BAILLIÈRE ET FILS, LIBRAIRES-ÉDITEURS

19, RUE HAUTEFEUILLE, 19

—

1887

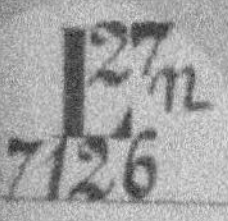

A. FANTON

(1833-1885)

A. FANTON (1833-1885)

A. FANTON

CHIRURGIEN-DENTISTE A ORLÉANS

SA VIE, SON TEMPS, SON ŒUVRE

PAR SON FILS

RICHARD FANTON

Chirurgien-dentiste, Diplômé de l'École dentaire de Paris,
Dentiste des Hospices d'Orléans.

AVEC UNE NOTICE BIOGRAPHIQUE

PAR

LE D[r] TH. DAVID

Directeur de l'École dentaire de Paris.

PARIS

J.-B. BAILLIÈRE ET FILS, LIBRAIRES-ÉDITEURS

19, RUE HAUTEFEUILLE, 19

1887

PRÉFACE

Un homme qui fut des nôtres pendant trente ans;
Qui exerça honorablement sa profession ;
Qui est mort avec l'estime générale ;
Méritait d'être présenté en exemple à ses confrères.

C'est ce qui nous a engagé à écrire une notice biographique sur M. Fanton, à la mémoire duquel nous sommes heureux de rendre hommage. Son œuvre, son temps, ont inspiré au fils, M. Richard Fanton, un aperçu qui ne manquera pas d'intéresser les personnes curieuses de connaître au point de vue historique la pratique de l'art dentaire en France.

Dr Th. D.

A. FANTON

SA VIE

AUGUSTE-MAXIMILIEN FANTON-TOUVET, qui pendant près de trente ans exerça à Orléans la profession de Chirurgien-Dentiste, était né à Paris le 10 mai 1833. Il fit au collège Bourbon de brillantes études, qu'il couronna dignement en remportant le premier prix de Mathématiques au Concours général. Ces succès semblaient lui présager une carrière distinguée dans les sciences ; sorti du Lycée à dix-sept ans, il préféra embrasser notre profession.

Il l'étudia d'abord chez sa mère, Mme Fanton-Touvet, qui avait su se créer à Paris une haute situation comme Dentiste (1) ; MM. Royer, Baron et Bazire furent ses autres professeurs.

Bien qu'à cette époque la jurisprudence eût déjà proclamé la liberté de l'exercice de l'art dentaire, notre confrère comprit que le Dentiste ne devrait pas être seulement mécanicien, mais aussi un peu médecin. Pendant quatre ou cinq ans, il suivit à Paris les cours de la Faculté de médecine, fréquenta les hôpitaux, et s'inspira des leçons chirurgicales des meilleurs maîtres. Des raisons de famille l'empêchèrent de prendre ses grades en médecine. Plus tôt qu'il ne l'aurait voulu, il dut prendre la direction du cabinet de sa mère, installé alors rue de Rivoli n° 154. Quelque temps après, Mme Fanton mourut ; il lui succéda (1857).

Il comptait parmi ses clients un grand nombre d'Orléanais qui, sous différents prétextes, l'engagèrent à quitter Paris pour s'installer à Orléans, lui promettant monts et merveilles. Fanton, parisien de naissance, ayant une clientèle assurée et la conscience de son talent, hésita longtemps à accepter. Il finit toutefois, on ne sait pour quelles raisons, par céder aux instances de ses futurs clients, non moins du reste qu'aux sollicitations

(1) Mlle Fanton avait débuté, jeune encore, dans notre profession. Plus tard, devenue Mme Touvet, elle continua à exercer notre art sous le nom de Fanton, nom qui a été conservé par ses descendants.

d'un confrère qui lui demandait son cabinet. Être le premier à Orléans ! cela ne valait-il pas mieux que d'être le vingtième à Rome ?

Mais de ces promesses, chacun sait ce qu'en vaut l'aune ! A peine installé, Fanton ne vit venir à lui..... qu'un petit nombre de clients restés fidèles. C'est qu'à cette époque, Orléans subissait la transformation de beaucoup de villes : le chemin de fer en faisait un faubourg de Paris.

Les communications entre ces deux villes sont si faciles en effet, qu'à la moindre alerte chacun se précipite vers la capitale. C'est à peine si la fluxion, la névralgie, retiennent à Orléans ; quant à la Prothèse, aux soins de luxe, aux cas difficiles, ils entrainent à Paris, qui prélève ainsi la plus grosse part des honoraires.

Nous n'aurions garde de dire qu'Orléans soit ville morte. Bien au contraire. Il y souffle comme un vent violent de décentralisation. L'étranger qui irait la visiter serait fort étonné de toutes les constructions nouvelles qui s'élèvent. L'intelligente administration d'un maire a doté la ville de marchés couverts, d'une manufacture de tabacs, d'une école normale de jeunes filles, etc., etc.

L'initiative privée n'a point manqué non plus : on lui doit une nouvelle Église, Saint-Paterne, chef-d'œuvre d'architecture moderne.

Quoi qu'il en soit, il y a quelque vingt-huit ans, Orléans était au point de vue des dentistes ce qu'elle est aujourd'hui encore ; elle était tributaire de Paris. Aussi, malgré son talent incontestable, malgré la jeune renommée qui l'avait précédé, notre confrère fut-il d'abord quelque peu délaissé. Si réel que fût son talent, il ne pouvait, aux yeux de la clientèle, effacer le prestige de la capitale. Et cependant ce talent ne devait pas tarder à être apprécié à sa juste valeur.

Travailleur consciencieux, opérateur habile, et d'autre part, assez fier de sa profession pour s'interdire toute réclame, Fanton fut plus estimé à mesure qu'on le connut davantage. Il ne lui fallut pas plus de trois ans pour forcer la confiance du public et gagner l'estime des membres du corps médical.

Sa réputation bien établie, sa situation bien assurée, Fanton ne fut point encore satisfait. Après avoir travaillé à ses intérêts, il prit à cœur l'intérêt général, le relèvement de sa profession.

Il résolut d'entreprendre une campagne pour obtenir du gouvernement la création d'un titre spécial de *Chirurgien-Dentiste*. Ce titre eût distingué les dentistes sérieux et instruits des opérateurs ambulants qui encombrent encore nos places publiques. C'est dans ce but qu'il fonda l'Abeille.

Le succès couronna une tentative considérée d'abord comme insensée. Des confrères influents vinrent le féliciter et lui prêter leur appui.

Parmi eux citons : MM. de la Barre, Andrieu, Trousseau, de Baralle, Damour, le docteur Billard, Désirabode, etc., etc..... Cette revue de la profession parut pendant cinq années, longévité bien extraordinaire pour un journal publié en province.

En parcourant les nombreux articles que Fanton publia dans l'*Abeille*, nous avons souvent admiré les qualités de style de leur auteur. Elles dénotent un esprit cultivé, qui n'est guère celui qu'on se plait ordinairement à prêter aux membres de notre profession.

Trop souvent, sans doute, les dentistes manquent des solides études classiques qu'avait faites Fanton. Mais nous ne désespérons pas de l'avenir, en présence des résultats acquis depuis quelques années.

L'idée de fonder une École professionnelle, où les élèves dentistes auraient pu apprendre tous les éléments de l'art auquel ils se destinaient, germa également dans l'esprit du Directeur de l'*Abeille*. Mais pour cela il fallait quitter la province, il fallait revenir à Paris.

M. Fanton était sur le point d'acquérir le cabinet de M. Bazire, lorsque son successeur, au cabinet de la rue de Rivoli, crut devoir y mettre opposition formelle. Notre confrère n'insista pas. Il continua à Orléans l'exercice de son art, entouré de la considération et de l'estime de tous.

Le journal l'*Abeille* le mit en relations avec la plupart des dentistes français et étrangers, italiens, anglais, hollandais et même américains ; tous apprécièrent son talent et approuvèrent l'initiative qu'il avait prise de la réforme de la profession de dentiste.

Nous reproduirons plus loin une pétition collective rédigée au nom des rédacteurs de l'*Abeille* et demandant au Sénat que l'exercice de la chirurgie dentaire fût soumis à une réglementation. Cette pétition, présentée par M. Genteur, commissaire du gouvernement, fut prise en considération dans la séance du 4 mai 1868. M. Fanton disait souvent que sans les événements de 1870, les dentistes seraient aujourd'hui obligés de posséder un diplôme pour exercer leur art.

En effet la chute de l'Empire et l'établissement si laborieux de la troisième République firent complètement oublier la loi déjà prête sur la réglementation de la profession de dentiste. Il est à remarquer que ce malheureux projet de réglementation, d'un intérêt relativement si restreint, n'a échoué que pour des raisons d'ordre absolument politique. En 1847 il avait été discuté et voté à la Chambre des Pairs ; la révolution de 1848 l'empêcha d'être porté à la Chambre des Députés. Par deux fois l'avénement de la République a entravé les efforts tentés par les dentistes français en vue d'obtenir une réforme officielle de leur art. Quoi qu'il en soit, les événements de 1870, la néfaste guerre franco-allemande, mirent fin aux polémiques et aux revendications de M. Fanton. Après le désastre, bien des choses plus utiles, plus pressantes, s'imposaient à l'attention du gouvernement.

Renonçant à ses rêves de réforme professionnelle, M. Fanton s'adonna tout entier à sa clientèle et à sa famille. Il adorait les siens; son caractère affable et doux le faisait aimer de tous ceux qui l'approchaient.

Qu'on nous permette de citer quelques traits de son existence. Mieux que les éloges, ils feront connaître quel était l'homme dont nous parlons.

Mme Fanton mère lui avait laissé les trois quarts de sa fortune, réduisant ainsi la part de son frère cadet. Il ne voulut pas souscrire à un partage qu'il considérait comme injuste et crut devoir faire à son frère une part égale à la sienne.

Après la guerre de 1870 on accorda à Orléans une indemnité à tous ceux qui avaient souffert de l'occupation allemande; notre collègue ne voulut rien réclamer.

Il y a quelques années, son gendre meurt laissant trois enfants en bas âge; Fanton n'hésite point à appeler près de lui et à prendre à sa charge sa fille et ses petits-enfants.

Une vie si bien remplie devait trop tôt finir. Il y a trois ans, notre confrère se disposait à laisser sa clientèle à son fils aîné, lorsqu'il ressentit les atteintes d'un mal qui ne pardonne guère. M. le professeur Verneuil, qui alla le visiter à Orléans, ne put que prévoir sa fin prochaine. Malgré les soins dévoués d'un grand nombre de médecins ses amis, notamment de MM. les docteurs Halmagrand, père et fils, ses médecins particuliers, Fanton s'éteignit lentement dans la nuit du 9 au 10 avril 1885, à l'âge de 52 ans.

L'empressement de la foule émue et recueillie qui deux jours après assistait à ses funérailles prouva à la famille qu'elle n'était point seule à regretter cet homme de bien.

M. Fanton comptait cependant rendre encore des services à notre cause. Persuadé, comme bien d'autres, que la rivalité de deux écoles naissantes ne peut que nuire à leur développement et par là même aux progrès de l'art dentaire, il voulait reprendre la plume et s'efforcer d'amener une entente entre les deux sociétés de dentistes existant en France.

Il avait, dans ce but, longuement étudié la fusion de la Société des dentistes d'Angleterre avec la Société odontologique de Londres, qui, le 4 mai 1863, se réunirent pour former la florissante Société odontologique de la Grande-Bretagne.

A ce point de vue le corps professionnel tout entier doit déplorer sa fin prématurée.

Par son nom, Fanton appartenait à une très ancienne famille du Dauphiné ; il aimait à rappeler que son grand-père Touvet figurait dans un banquet où étaient réunis tous les descendants de Bayard. La famille Touvet est citée par les historiographes du chevalier et son nom est encore actuellement celui d'un village à côté duquel on peut voir les ruines d'un château de Bayard.

Nous avons tenu à rappeler ce détail généalogique, car nous estimons que la vie simple et modeste que nous venons de retracer n'est nullement indigne de la devise du Chevalier « *sans peur et sans reproche* ».

M. Fanton laisse un nom dignement porté dans la profession. Son fils aîné, qui lui a succédé à Orléans, est un praticien distingué que l'École dentaire de Paris s'honore d'avoir eu pour élève ; il y a soutenu une thèse remarquée sur les anomalies dentaires. Un autre poursuit avec succès ses études médicales à la Faculté de Paris. Ajoutons qu'un troisième est officier dans l'armée française.

SON ŒUVRE

COMME ouvrage spécial, Fanton a laissé LE CONSERVATEUR DE LA BOUCHE, Orléans 1860, in-12, 76 pages. Cette brochure, qui est un exposé sommaire de la chirurgie dentaire, indique chez l'auteur une connaissance approfondie de son art.

La deuxième édition (1861) annonçait un mémoire sur L'EXTRACTION DES DENTS PAR L'ÉLECTRICITÉ, sujet qui était alors à l'étude. On était à cette époque au début de l'emploi de l'anesthésie, qui suscitait une vive opposition, et dont les accidents assez nombreux devaient faire rechercher les autres moyens de supprimer la douleur. Mais ni l'électricité, ni l'hypnotisme, ni le magnétisme, n'ont encore remplacé les anesthésiques.

Le travail de notre confrère ne vit point le jour, moins à cause de ces raisons qu'à cause de la publication de l'ABEILLE.

Un des journaux des mieux écrits de la profession, l'*Abeille*, commença à paraître le 15 janvier 1862 et occupa dès lors tous les loisirs de Fanton, qui en fut le fondateur et qui pendant quatre ans en eut seul toute la lourde charge. Nous devons reconnaître et dire à sa louange que pendant ce temps elle parut tous les mois avec une exactitude remarquable.

Plus tard, fatigué de ces quatre années d'une gestion laborieuse, Fanton dut se décharger de la direction du journal : son successeur était tout désigné dans la personne d'un de ses collaborateurs et amis. M. J.-M. Trousseau, aujourd'hui un de nos vétérans les plus érudits, les mieux stylés, avait les mêmes aspirations et s'était déjà engagé dans la voix de la réforme en fondant une autre feuille périodique, l'*Union dentaire*, qui s'était gracieusement effacée devant sa jeune sœur l'*Abeille*.

Le premier numéro de cette nouvelle direction parut à Rennes, janvier 1866. Presque aussitôt le journal éprouva des embarras financiers, hélas trop fréquents avec les publications scientifiques, et perdit sa régularité. L'année 1866 n'eut que six numéros. L'année 1867 n'en eut que deux : un en janvier et celui de février qui fut le dernier.

Ainsi finit l'*Abeille*, partageant le sort de beaucoup de ses confrères : l'*Instruction de la famille* (1859-1863), la *Revue odontotechnique* (1860-1862), l'*Union dentaire* (1860-1861), le *Journal des Dentistes* (1860-1861).

Au moment où l'*Abeille* succombait, seul, le journal de M. Préterre, l'*Art dentaire*, survivait. De 1867 à 1874, ce fut la seule publication odontologique française, jusqu'au jour où parut le *Progrès* de M. Ash.

C'est dans l'*Abeille* que nous devons rechercher et étudier l'œuvre de Fanton.

Sans vouloir en rien le diminuer, nous devons dire tout d'abord qu'il ne faudrait point s'attendre à trouver en lui un de ces savants qui laissent une profonde trace dans leur spécialité. N'oublions pas qu'il était avant tout praticien, et d'aucuns savent ce que coûte de peine le moindre travail scientifique à quiconque donne toutes ses journées à l'exercice d'une des professions les plus absorbantes, les plus pénibles..... Au surplus, il vivait à Orléans, loin de toute relation professionnelle, isolé de tous les moyens d'instruction que l'on trouve à la capitale, dans les hôpitaux, les bibliothèques, dans les laboratoires, auprès de nos maîtres...

Il faut donc savoir gré à Fanton d'avoir produit quelque chose dans de si mauvaises conditions, d'avoir fondé et dirigé pendant quatre ans un journal dont il avait toute la charge matérielle, financière, scientifique. D'ailleurs Fanton ne posait point au savant.

Son but, nettement exprimé dans son premier article adressé aux lecteurs, était de grouper les membres de la corporation des dentistes, de relever par l'instruction la chirurgie dentaire du discrédit, de l'empirisme dans lequel elle était tombée ; d'arriver à l'obtention d'un diplôme ; de prendre « avec fermeté la défense de nos intérêts professionnels et surtout de notre honneur national mis en suspicion par les dentistes étrangers ».

SON TEMPS

La campagne de l'*Abeille* fut dirigée contre le charlatanisme des dentistes en général et surtout contre celui des étrangers.

Remontons un instant à cette époque de notre profession.

Critique des réclames.

Les réclames, le charlatanisme, ne sont pas nés d'hier. Vers 1860 on trouvait déjà beaucoup d'annonces de dentistes dans les journaux politiques, soit à la quatrième page, entremêlées avec les annonces des pharmaciens ou des commerçants, soit en première page, sous forme de nouvelles, de critiques.....

Voici comment les écrivains de l'*Abeille* appréciaient ces réclames :

« ..... Et s'il est vrai que la plupart des hommes qui s'adressent au public à grand renfort de grosse caisse et de tambour de basque avancent des faits ou des promesses qu'ils ne peuvent ou même ne veulent point tenir, et que le plus souvent, l'annonce, la réclame et l'épigraphe ne servent qu'à déguiser les intentions ou le pouvoir de ceux qui les emploient à tort et à travers pour se procurer une renommée douteuse ou un pécule honteux, il est juste de reconnaître que ce sont des exceptions malheureuses sur lesquelles il ne faut pas trop s'arrêter pour juger des hommes en général.

« Pourtant, parmi tous ces individus si fertiles en promesses, les uns sont de bonne foi et sont eux-mêmes les premières dupes de leurs systèmes ou de leurs croyances ; leurs paroles les grisent, et le plus curieux, c'est qu'ils finissent par croire à leurs propres jongleries, dont pourtant ils connaissent mieux que personne toutes les ficelles neuves ou vieilles ; quant aux autres, ils sont moins candides, et c'est à bon droit que l'on peut suspecter leur loyauté. Hardis contrebandiers ou jongleurs émérites, on les voit jeter à droite et à gauche des regards curieux et inquiets, puis, choisissant le moment propice, ils fondent tout à coup sur leur proie avec autant d'intelligence que d'acharnement, et ne la quittent que lorsqu'ils y sont obligés par force majeure ou par épuisement de matière. Quoi qu'il en soit, le résultat est toujours le même : erreur des uns ou intentions des autres, la vérité n'en est pas moins altérée d'une façon que de l'autre.

« Cependant, dans cette lutte sans fin ni trève des intérêts sordides et grossiers qui dure depuis le commencement du monde contre toute valeur effective, et qui s'attaque tout à la fois à la niaiserie des uns et à la trop grande facilité des autres, on voit tous les jours l'empirisme et l'ignorance, le charlatanisme et le mensonge avoir leurs partisans et souvent même leurs nombreux fanatiques.

« Sans vouloir ici récriminer le passé, ni vouloir flétrir le charlatanisme éhonté qui s'est emparé de notre état, au point de faire rougir un honnête homme d'en faire partie,..... je comprends qu'il faut, *qu'il est indispensable* que notre profession soit relevée en France. »

Les critiques que l'*Abeille* adressait en 1860 contre le charlatanisme seraient bien pâles à côté des réclames de notre temps.

Aujourd'hui, en effet, le charlatanisme a pris d'insolentes proportions ; la réclame, revêtant toutes les formes, s'est élevée à la hauteur d'une science, d'une institution, et ne semble pas avoir encore dit son dernier mot. On n'est pas étonné, en parcourant n'importe quel journal politique, d'y rencontrer, payées à tant la ligne et suivant la page, les annonces plus ou moins pompeuses d'un très grand nombre de dentistes.

Font de la réclame les plus grands comme les plus humbles, français ou étrangers, gradés ou non, avec des différences de page et de prix. L'un s'intitule professeur et fait annoncer des conférences, des leçons quelconques, des représentations en son Institut. Un autre, à propos d'un procès célèbre, d'une question controversée, fait exprimer dans le compte rendu donné par le *Gil-Blas* ou le *Figaro* son opinion personnelle qui n'a nullement figuré dans les débats (1). Celui-ci se fait nommer éditeur du *Conseil quotidien* d'un grand journal (2). Tous les procédés, tous les trucs sont bons pour attirer l'attention. Les dentistes sont devenus les meilleurs clients des fermiers d'annonces.

Que dirait aujourd'hui Fanton devant les effronteries, devant les réclames tapageuses des *greffeurs de dents*, des *inventeurs de dentiers perfectionnés, invisibles?.....*

« Il ne nous en coûte pas de dire que nous regrettons vivement ces tristes débats ; nous pensons que notre temps et nos peines eussent été mieux employés à ne nous occuper que de ce qui concerne directement les intérêts scientifiques et professionnels de l'art dentaire sans avoir à combattre d'aussi audacieuses réclames ; mais notre devoir est de les réfuter tant qu'elles se produiront et nous n'y faillirons jamais. »

Critique des dentistes étrangers.

L'*Abeille* en voulait surtout aux dentistes étrangers dont les réclames surpassaient de beaucoup celles de nos nationaux et piquaient au vif notre orgueil national. Aussi la polémique fut-elle quel-

(1) *Gil-Blas*, 7 novembre 1885; le *Figaro*, 8 novembre 1885.
(2) *Gil-Blas*, 28 juin 1886 ; le *Figaro*, 3 novembre 1886.

quefois acerbe, lorsqu'elle prit à parti les dentistes étrangers « qui viennent s'établir en France après avoir longtemps parcouru le monde sans trouver à utiliser avec profit leurs connaissances plus ou moins étendues, tout en affirmant du ton le plus doctoral, et dès le premier jour de leur arrivée, qu'eux seuls possèdent la science dans toutes les profondeurs et que nous n'y connaissons rien.....

« Ces Américains, Anglais, Allemands, Italiens, Espagnols, qui sont presque tous docteurs : en quoi? qui ont un parti pris de dénigrement contre les dentistes français, et une haute opinion poussée jusqu'à la septième puissance de leur personne, de leurs talents..... »

Ne fallait-il pas faire le procès du dentiste étranger qui venait en France dénigrant tout, considérant les dentistes français comme des charlatans, des mercenaires, et à force de réclames audacieuses captait la clientèle ?

La mode était à cette époque aux dentistes américains, qui savaient, il faut le reconnaitre, habilement jouer de la réclame ; ils s'emparèrent des grands journaux, y annoncèrent leur talent, leurs opérations, « leurs aurifications américaines, fabriquées sans doute aux Etats-Unis et expédiées prêtes à être livrées sur tous les points du globe habité ».

L'américomanie était poussée à un tel point

que l'on vit des dentistes français modifier leur nom et s'intituler dentistes américains ; que d'aucuns fondèrent des revues pour prouver leur qualité d'Américains..... Les situations officielles, les distinctions honorifiques, n'étaient accordées qu'aux étrangers.

Il n'est pas sans intérêt de se reporter à cette époque de notre histoire professionnelle tout entière dominée par l'idée de lutte contre l'étranger.

Les publications odontologiques qui firent leur apparition vers 1860, l'*Union dentaire*, le *Journal des Dentistes*, l'*Abeille*, n'eurent pas d'autre but.

Nous allons reproduire quelques passages ayant trait à ce mouvement.

« N'est-il pas étrange que nous nous soyons laissé attaquer chez nous par des revues cosmopolites ou par des écrivains étrangers, sans avoir un organe réellement français pour y répondre ?.....

« Notre profession renferme, il est vrai, malheureusement dans son sein quelques honteuses exceptions, mais cela lui est commun avec toutes les autres professions et tous les pays, et hâtons-nous de le dire, le temps en diminuera le nombre de plus en plus ; mais pour cela, elle ne mérite pas l'anathème qu'on lui lance à la tête si inconsidérément. Oh ! mânes de Fauchard et de Garengeot, que sont devenus vos arrière-neveux ? Ont-ils tous quitté la France, en l'abandonnant à la honte et à l'abaissement, pour se répandre en Allemagne, en Angleterre ou en Amérique ? car la patrie des Mesnier ou celle des Barnum n'ont jamais produit de charlatans !!.....

« Tout le monde sait qu'en Angleterre comme en

Amérique les affiches y sont encore plus grandes qu'en France, et que l'entrainement en tous genres s'y pratique sur la plus grande des échelles.

« Dirons-nous aussi pour cela que dans ces divers pays notre état soit tombé dans un abaissement tel qu'un honnête homme ait à rougir d'en faire partie? Certes non. Chaque pays a ses illustrations et leurs revers ; honorons les uns et méprisons les autres, pour être juste envers tout le monde.

« ..... De pareilles choses ne se disent jamais, lors même qu'elles sont vraies, à plus forte raison lorsque l'erreur est aussi manifeste. On ne blesse pas, de propos délibéré, dans une partie de ses membres, une nation grande et généreuse, et surtout si éminemment hospitalière, chez laquelle on a été l'objet d'un accueil des plus distingués, et dont tous les jours encore on reçoit si magnifiquement des marques de haute considération.

« La considération appelle la considération. Les hommes bien nés, de bonne éducation et ayant du savoir-vivre ne l'ignorent pas.

« ..... Nous ne permettrons jamais à aucun dentiste étranger, quel qu'il soit, de dénigrer notre talent au profit du sien, sans avoir d'autres preuves à donner que la position qu'il occupe. Quant à nous, jusqu'à preuve contraire, nous maintiendrons haut et ferme notre droit à l'égalité, pour le moins, de toutes les sciences envers les autres nations, car, en vérité, pour reconnaître que l'égalité fut parfaite entre toutes, il faudrait avouer déjà que nous avons dégénéré.

« Notre pays est tellement riche sous ce rapport, il a tant donné aux autres, qu'il peut bien, une fois par hasard, reprendre son bien là où il le trouve.

« Nous devons rappeler que c'est en France que les étrangers viennent ordinairement pour s'instruire, et non nous, Français, qui allons à l'étranger pour prendre nos grades.

« En vérité, il serait par trop drôle que nous n'eussions point le droit, chez nous, d'émettre une opinion qui fût contraire à celle de MM. les dentistes américains ou anglais, et que nous fussions obligés d'adopter, sans contrôle, tout ce qui vient de chez eux.

« Quant à l'indignation que vous nous reprochez, nous le disons hautement, nous la croyons légitime et fondée... Il se peut qu'il existe des individus à épiderme très épais, qui ne sentent la blessure que lorsqu'ils sont traversés de part en part, ou qui prennent les mots de honte et d'abaissement appliqués à l'art dentaire, *en France*, pour des compliments à l'adresse de ceux qui exercent cet état dans ledit pays : pour nous, nous avouons franchement que nous avons la fibre plus sensible et l'intelligence des qualifications plus délicate ; aussi, chaque fois qu'un dentiste étranger ou naturalisé se permettra de semblables sorties à l'égard de ce qui se passe chez nous, nous les relèverons invariablement.

« ..... L'intervention si active des dentistes étrangers dans les questions qui touchent aux considérations de l'ordre le plus élevé, concernant les différents problèmes à résoudre, pour donner à la chirurgie dentaire la place qu'elle doit occuper parmi les sciences naturelles ou chirurgicales ; la position que ces messieurs veulent prendre et celle qu'ils voudraient bien nous donner, si on les laissait faire, et par-dessus tout cela, le devoir de rétablir la vérité là où elle est si outrageusement altérée, ont été des motifs plus que suffisants pour nous déterminer à entreprendre cette lourde tâche.

« Lorsque l'année dernière, cédant à un sentiment de juste susceptibilité, nous avons, le premier, relevé le gant si audacieusement jeté aux dentistes français par quelques dentistes étrangers, parmi lesquels figuraient au premier plan des citoyens du Nouveau Monde, sachant tout, connaissant tout, excepté la civilité puérile et honnête et les lois des plus simples convenances, notre but a été, à vrai dire, bien plus de rabaisser l'orgueil de ces messieurs et de rétablir la vérité des faits si outrageusement altérée, que de satisfaire à un vain désir de créer un journal dentaire.

« Nous nous trouverons toujours côte à côte pour défendre notre nationalité, si audacieusement attaquée par des étrangers qui prétendent avoir le monopole de la science. »

Le fondateur et les collaborateurs de l'*Abeille* ne sont pas tout à fait blâmables d'avoir franchement ouvert la lutte qui s'imposera de nouveau un jour aux dentistes français, à moins que l'État n'intervienne directement pour les protéger.

« Il faut bien le dire, et mettre à nu cette plaie de notre profession. Presque tous ces dentistes, qui n'ont pu être prophètes dans leur pays, viennent en France pour satisfaire avant tout leurs propres intérêts. » (Andrieu, 1866.)

Nos annuaires spéciaux indiquent en effet 500 dentistes pour Paris. Or, dans ce nombre, il y en a plus d'un cinquième d'étrangers et ce ne sont pas les plus mauvais. Évidemment l'exportation ne se fait que sur des produits de qualité et l'on est partout meilleur que chez soi : nous sommes au moins assez polis pour le dire.

Pourquoi avons-nous tant d'étrangers ? La raison est bien simple : nous les admettons alors qu'ils ne peuvent aller nulle part, pas même chez eux où on leur demanderait un diplôme, un grade régulier qu'ils n'ont pas. Ce n'est pas que chez nous ils en manquent absolument, mais ils savent très bien qu'on ne leur en demandera pas la justification ; et dès lors ils s'intitulent professeurs, docteurs.....

Mais il ne s'agit pas précisément de talent, de diplôme, ni d'études ; ce qui nous fait nous élever contre les étrangers, c'est qu'ils viennent à Paris s'instruire, profiter de nos moyens d'instruction et, à la faveur de la liberté d'exercice de l'art dentaire admise par nos lois, s'installer aussitôt, pendant que nos nationaux satisfont à tous leurs devoirs de citoyens français.

Ne faut-il pas faire un service militaire plus ou moins long suivant le cadre auquel on appartient : cinq ans, un an, et bientôt trois ans pour tout le monde ? Nous avons encore les périodes des vingt-huit jours, des treize jours. Tout cela fait beaucoup de temps que n'ont pas à donner les dentistes étrangers.

Dégagés de toute obligation onéreuse, ils peuvent se donner avec plus de profit à la clientèle, qui les en apprécie d'autant mieux. Il n'est pas jusqu'aux patrons qui pour ce motif ne les préfèrent comme opérateurs et comme gendres.

Et les étrangers ne gardent pas pour eux seuls ces avantages ; ils les transmettent religieusement à leurs enfants en se gardant de les faire naturaliser. Plusieurs générations d'individus n'ont ainsi de leur nationalité que le qualificatif, se gardant bien d'aller en remplir les devoirs ; ils préfèrent vivre sous le couvert débonnaire de notre société, à laquelle ils empruntent ses lois protectrices sans participer à aucune obligation.

Si nous relevons ce point avec insistance, c'est pour faire voir la naïveté de nos procédés, qui ne sont nullement payés de réciprocité. Partout ailleurs on exige des praticiens étrangers des conditions d'étude, d'exercice, qui ne sont point demandées ici.

Voilà pourquoi, nous associant pleinement aux idées de l'*Abeille* si éloquemment soutenues par M. Fanton, nous voulons que les étrangers restent chez eux (en tant que praticiens) ou qu'ils nous accordent la même liberté qu'ils trouvent chez nous.....

Nous n'avons nul besoin des lumières des dentistes étrangers ni de leur talent. L'Art dentaire français, qu'ils discréditent dans un but intéressé, ne craint point leur concurrence. Naguère, le docteur David, dans un discours sur les origines de la chirurgie dentaire, a montré, preuve à l'appui, que la France a été le berceau de cette science ; qu'à une époque où elle était encore inconnue en Angleterre, en Amérique, en Allemagne, nos dentistes français, Fauchard, Bourdet, Jourdain,.... avaient déjà écrit des ouvrages didactiques encore classiques aujourd'hui.

C'est là un point d'histoire absolument établi et même accepté par les dentistes étrangers.

> Cris impuissants, inutiles clameurs,
> La France, suivant sa carrière,
> Verse des torrents de lumière
> Sur ses obscurs blasphémateurs.
>
> (Lefranc de Pompignan.)

Moyens proposés pour relever l'art dentaire.

L'*Abeille* ne s'était point contentée de signaler, de critiquer ses abus, cet état indigne de notre profession. « Nos conclusions sont toutes en faveur du progrès et de la dignité de la chirurgie dentaire. C'est vers ce double but que tendront toujours nos constants efforts. »

Comment arriver à ce but ?

M. Fanton était convaincu que tout le mal venait de la liberté d'exercice de l'art dentaire, liberté qui était née d'une regrettable omission de la loi de ventose, et qui à deux reprises, 1827-1846, avait été consacrée par la jurisprudence. Quiconque en effet pouvait et peut encore en France s'installer dentiste, homme et femme, français et étranger.

La réglementation officielle qui avait paru un remède efficace préoccupait depuis longtemps le corps des dentistes, ainsi que le prouve la campagne d'Audibran (1846).

M. Fanton comprit parfaitement que l'État, resté sourd aux réclamations isolées des dentistes, les accueillerait plus favorablement lorsqu'elles seraient formulées par un corps constitué.

« Si nous voulons bien faire, il faut accepter le passé tel qu'il est et ne nous préoccuper que de l'avenir ;..... donner à notre profession la consécration qui lui manque : celle de la réunion de ses membres en un corps constitué, sous la forme et à peu près dans les mêmes conditions que celle de l'union médicale ;..... la soutenir dans son œuvre de réorganisation professionnelle et scientifique, car c'est là notre but principal, bien certain que nous sommes que le reste viendra de lui-même aussitôt que le Gouvernement aura fait droit à nos vives et instantes réclamations concernant la régularisation de l'exercice de la chirurgie dentaire..... Là seulement est l'avenir de notre profession.

« C'est aux plus éclairés, c'est à ceux qui sont le mieux placés parmi les dentistes à prendre l'initiative d'une pareille mesure, et à faire appel à leurs confrères moins heureux. Il en résultera que ces derniers subiront l'influence de l'émulation et qu'à leur tour, en se voyant admis parmi les membres d'une société d'élite, ils comprendront que les usages du passé sont devenus impossibles, et ils tiendront à honneur de devenir véritablement les égaux de leurs collègues, aussi bien par leur conduite et leur savoir que par leur position.

« Déjà, et par cette seule institution, à laquelle le Gouvernement ne tarderait pas à donner sa sanction, la profession de dentiste acquerrait une haute position dans l'opinion publique. De cette considération si bien méritée naîtraient de nouveaux droits et de nouveaux devoirs ; les membres qui en feraient partie obtiendraient plus facilement, par leur compacité et leurs instances collectives auprès du Sénat français, l'obligation d'un titre spécial pour exercer à l'avenir la profession de dentiste dans tout l'Empire français.

« Le but doit être d'obtenir de la part du Gouvernement la reconnaissance légale de la profession de dentiste et son admission parmi les membres de la grande famille médicale..... Nous disons son admission à titre de chirurgie ou de médecine *dentaire* comme on voudra pour le substantif ; mais nous tenons d'une manière absolue à l'adjectif dentaire qui qualifie la spécialité médicale ou chirurgicale que nous exerçons..... »

Le plan de Fanton ne manquait pas d'habileté. Avant tout il fallait fonder un groupe professionnel, une association de dentistes chargés de « maintenir par son influence moralisatrice l'exercice de l'art dans la voie utile au bien public et conforme à la dignité de la profession ; — de préparer et fonder des institutions propres à compléter et à perfectionner l'art dentaire. »

Ce groupe constitué, le niveau moral et scientifique de la profession se trouvait du même coup élevé, et les réclamations formulées par le corps des dentistes pouvaient plus facilement forcer l'État à intervenir.

C'est sur ce point de départ que fut organisée la société dont nous reproduisons plus loin les statuts. Les charlatans et les étrangers en étaient soigneusement exclus.

Les associations dentaires actuelles n'ont donc fait que poursuivre une œuvre déjà commencée. Elles ont groupé les dentistes, elles ont relevé, par la fondation d'écoles, le niveau de notre instruction professionnelle. Il nous a paru utile de leur rappeler qu'en cette voie elles ont eu pour précurseur le fondateur et les rédacteurs de l'*Abeille*.

La réglementation est encore à attendre. Parmi les nombreux documents que l'étude de cette question a mis au jour, la pétition ci-jointe de l'*Abeille* restera toujours comme un des plus précieux.

PROJETS DE STATUTS

DE LA

SOCIÉTÉ DE PRÉVOYANCE & DE SECOURS MUTUELS DES DENTISTES[1]

CHAPITRE I

Composition de la Société.

ART. PREMIER. — Il est établi entre les dentistes de France, qui adhèrent aux présents statuts, une société de prévoyance et de secours mutuels ayant pour but :

1° De venir au secours des sociétaires que l'âge, des infirmités, la maladie, des malheurs immérités, réduisent à un état de détresse.

2° De secourir les veuves et les enfants laissés sans ressources par des sociétaires décédés.

3° De donner aide et protection à ses membres.

4° De maintenir par son influence moralisatrice l'exercice de l'art dans les voies utiles au bien public et conforme à la dignité de la profession.

5° De fonder dans l'avenir une caisse de retraite.

6° De préparer et fonder des institutions propres à compléter et à perfectionner l'art dentaire.

ART. 2. — La durée de la Société est illimitée. Elle a son siège à Paris.

(1) *L'Abeille*, journal des dentistes, 1862, n° 4, p. 27.

CHAPITRE II

Art. 3. — Sont aptes à faire partie de la Société tous les Dentistes français exerçant en France ou dans les colonies françaises et sous la désignation de *Dentiste français*.

Art. 4. — Les sociétaires sont admis en assemblée générale au scrutin et à la majorité sur la présentation du bureau.

Art. 5. — Pour devenir membre de la Société, tout dentiste qui se trouve dans les conditions prescrites par l'article 3, doit :

1° Signer son adhésion aux présents statuts ;

2° Acquitter la somme déterminée par l'article 17.

Art. 6. — L'exclusion est prononcée en assemblée générale au scrutin et sans discussion sur la proposition et le rapport du bureau : pour faits qui entachent l'honneur de l'homme ou qui compromettent la dignité de la profession.

Art. 7. — Cessent de droit de faire partie de la Société les membres qui n'ont pas payé leurs droits d'admission et leurs cotisations annuelles dans un délai de deux mois après leur admission. Il peut être sursis à l'application de cette mesure par le bureau, lorsqu'il est justifié que ce retard du payement de la cotisation est occasionné par des circonstances indépendantes de la volonté du sociétaire.

Art. 8. — La radiation et l'exclusion ne donnent droit à aucun remboursement.

CHAPITRE III

Organisation de la Société. — Commission administrative. — Ses attributions. — Assemblée générale.

Art. 9. — La Société est administrée par un bureau ou commission administrative composée :

1° D'un président ; 2° d'un vice-président ; 3° d'un secrétaire ; 4° d'un trésorier ; 5° d'un membre résidant à Paris ; 6° de deux membres résidant en province.

Le président est nommé par l'empereur ; les autres membres sont élus par la Société.

Art. 10. — La commission administrative est renouvelée tous les cinq ans à la majorité relative des suffrages.

Les membres sont rééligibles.

Art. 11. — Le président surveille et assure l'exécution des statuts ; il adresse chaque année au préfet le compte rendu exigé par l'article 20 du décret du 26 mars 1852.

Le président signe avec le trésorier les ordonnances de paiement de toute nature.

Art. 12. — Le secrétaire reçoit les demandes d'admission et de secours ; il rédige les procès-verbaux ; il est chargé de la correspondance et de la conservation des archives.

Art. 13. — Le trésorier fait les recettes et les paiements de la Société ; il délivre aux sociétaires, au moment de leur admission, des cartes sur lesquelles il constatera le paiement de la cotisation.

Art. 14. — Les membres de la Société se réunissent tous les ans en assemblée générale.

L'assemblée entend le rapport des opérations de l'année, reçoit les comptes et les approuve.

Le président peut, en outre, convoquer l'assemblée

générale, soit d'office, soit sur la demande de vingt membres.

Art. 15. — La commission se réunira tous les deux mois à jour fixe, et chaque fois qu'elle est convoquée par le président.

CHAPITRE IV

Obligations envers la Société. — Droit d'admission. — Cotisation.

Art. 16. — Les sociétaires s'engagent à payer une cotisation annuelle qui ne poura être moindre de 6 fr. et à s'acquitter avec zèle et exactitude des fonctions qui leur sont déléguées par le bureau ou l'assemblée.

Art. 17. — Chaque sociétaire est tenu de payer, au moment de son admission, une somme de 6 fr. au moins, destinée au fond de réserve de la Société.

CHAPITRE V

Obligations de la Société envers ses membres. — Secours. — Pensions.

Art. 18. — Peuvent obtenir des secours : les sociétaires, leurs veuves et leurs enfants.

Art. 19. — Le sociétaire n'a droit aux secours qu'après avoir fait partie de la Société pendant deux années consécutives.

Cependant si, avant l'expiration de ce délai, il est fait une demande suffisamment motivée, un secours exceptionnel peut être accordé.

Art. 20. — Toute demande de secours doit être adressée au secrétaire de la société.

La commission administrative, après informations prises, statue sur la demande.

Art. 21. — Les secours distribués ne sont que temporaires ; ils peuvent être renouvelés, mais sans engager l'exercice suivant.

Art. 22. — En cas d'infirmité ou de vieillesse, le sociétaire dénué de ressources pourra recevoir une pension viagère d'assistance.

CHAPITRE VI

Ressources et charges de la Société. — Placement des fonds.

Art. 23. — Les ressources de la Société se composent :

1° Du produit des cotisations ; 2° des dons et legs faits à la Société ; 3° du revenu des fonds placés.

Art. 24. — Les charges annuelles de la Société se composent :

1° Des frais d'administration ; 2° des secours ; 3° d'un prélèvement, fixé par l'assemblée générale sur les ressources annuelles, pour constituer les fonds de réserve de la Société.

Art. 25. — Les fonds seront placés conformément aux prescriptions des articles 13 et 14 du décret organique du 26 mars 1852 sur les sociétés de secours mutuels.

CHAPITRE VII

Modifications. — Dissolution. — Liquidation. — Jugement des contestations.

Art. 26. — Toute proposition tendant à modifier les statuts et règlements devra être soumise d'abord à la commission administrative, qui juge s'il y a lieu d'y donner suite.

Aucune modification ne pourra être admise qu'à la majorité des membres présents à l'assemblée générale, et devra être soumise à l'approbation du ministre de l'Intérieur.

Art. 27. — La liquidation s'opèrera suivant les conditions prescrites par l'article 15 du décret organique du 26 mars 1852.

Art. 28. — La commission administrative juge en premier ressort toutes les contestations qui pourraient être soulevées relativement à l'interprétation et à l'exécution des statuts et règlements.

Le conseil judiciaire de l'association générale décide d'une manière souveraine.

Art. 29. — Les membres de la Société s'interdisent tout recours devant les tribunaux sous peine d'exclusion.

PÉTITION AU SÉNAT

DEMANDANT QUE LA PROFESSION DE DENTISTE SOIT SOUMISE A UNE RÉGLEMENTATION (1)

A Messieurs les Sénateurs,

MESSIEURS,

La loi du 10 ventôse an XI, édictée en vue de régulariser l'exercice de la médecine, afin de la soustraire aux honteux abus de l'état d'anarchie dans lequel elle était tombée et qui s'était répandu, à cette époque de transmutation générale, parmi la plus grande partie des corps savants, a été un bienfait réel pour la société, qu'elle est venue protéger contre les envahissements de l'ignorance cupide et du charlatanisme le plus éhonté. Mais à cette époque déjà si éloignée et au milieu des besoins toujours pressants d'une société nouvelle, alors qu'il fallait reconstruire rapidement de nouveaux édifices sur les ruines du passé, il est resté dans ce monument de la législation française, élevé à l'art de guérir, une lacune qui s'est perpétuée jusqu'à nos jours.

En effet, la loi du 19 ventôse an XI, sur l'exercice de la médecine et de la chirurgie, en déterminant les attributions du doctorat en médecine, a établi trois classes distinctes : les docteurs en médecine, les docteurs en chirurgie et les officiers de santé. De plus, le titre V est consacré aux sages-femmes ; mais elle ne dit pas un mot des dentistes.

(1) *L'Abeille*, mars 1864.

C'est cette lacune regrettable que nous venons, Messieurs les Sénateurs, signaler à votre haute sollicitude pour l'intérêt public et vous prier respectueusement de vouloir bien faire disparaître de nos Codes, afin de ne laisser en dehors de la loi aucune des parties qui composent l'ensemble des sciences médicales.

La médecine dentaire en est effectivement une branche si importante, tout en conservant un caractère particulier qui lui est propre et qui la différencie essentiellement et dans une certaine mesure de la médecine générale, qu'il est impossible de concevoir la réglementation légale de l'une, pendant que l'autre est abandonnée aux dangereux écarts d'une liberté sans limites, tenant la porte également ouverte pour les capacités réelles et incontestables, comme pour les infériorités du plus bas étage.

Lorsque l'illustre Fourcroy présenta son projet de loi sur l'exercice de la médecine aux délibérations des législateurs de l'an XI, rien dans son discours, si remarquable d'ailleurs, sur l'exposé des motifs dont il fit précéder cette présentation, ne vint déceler la pensée que la médecine et la chirurgie dentaires devaient être comprises dans l'ensemble de la loi, pas plus que la loi elle-même, ainsi que les délibérations dont elle fut l'objet, ne purent autoriser personne à tirer une pareille conséquence de son adoption.

Et cependant telle était l'entière conviction des hommes les plus éminents parmi les dentistes, que chez eux la logique du raisonnement, partant d'un point de vue erroné il est vrai, ne pouvait admettre l'autorité des textes qu'autant qu'ils embrassaient l'universalité des sciences médicales, et que la chirurgie dentaire en faisait partie intégrante pour la part considérable qu'elle est obligée de leur emprunter. A cet effet, ils cherchaient à interpréter ces mêmes textes dans le sens des besoins et des aspirations scientifiques de leur art, qu'ils voulaient assimiler, quant au régime légal, à la médecine elle-même.

Nous devons le reconnaître, il y eut bien des divisions sur cette singulière interprétation d'une loi dans laquelle on voulait à toute force faire entrer une science dont le législateur n'avait même pas eu la pensée. Non seulement l'on vit les Chirurgiens-Dentistes se diviser en deux camps, « les uns soutenant d'après la loi la nécessité d'un diplôme pour exercer leur profession, et les autres se fondant sur les mêmes prescriptions légales pour nier cette nécessité d'une manière absolue » ; mais encore les médecins et la magistrature elle-même ne furent pas d'accord sur cette question. D'un côté, nous trouvons notre vénérable confrère, M. Audibran, avec l'élite des dentistes de Paris, puis l'ancien doyen de la Faculté de Paris, M. le docteur Orfila ; MM. les docteurs Velpeau, Marjolin, Roux, Réveillé-Parise, et bien d'autres encore, deux ministres du roi Louis-Philippe, MM. Cunin-Gridaine et Villemain ; des Tribunaux de police correctionnelle et des Cours royales. Certes, on ne peut le nier, ces autorités étaient imposantes et bien faites pour ébranler les convictions les plus fermes. Mais, d'un autre côté, outre les défenseurs d'un procès célèbre, il faut compter la Cour royale d'Amiens, celle de Saint-Omer et la Cour de cassation. En définitive, ce fut la décision de la Cour royale d'Amiens qui vint enfin fixer la jurisprudence sur cette matière, en déclarant que l'exercice de la chirurgie dentaire n'était soumis à l'obtention d'aucun diplôme, certificat ou lettre de réception (26 juin 1846 : l'arrêt de la Cour de cassation, rendu dans le même sens, est du 15 mai 1846).

Bien que ces arrêts aient été vivement attaqués et que la Cour de cassation elle-même n'ait pas été épargnée à cette occasion, les soussignés croient qu'il est de leur devoir de rendre hommage aux motifs qui les ont dictés, et sans s'arrêter aux considérations élevées qui militaient si fort en faveur d'un autre ordre de choses, ils s'inclinent respectueusement, et avec raison, devant la chose jugée. Sévère et vigilante gardienne de l'intégrité des lois, la Cour suprême n'a pas à leur donner une interprétation plus ou moins élastique, ni à rechercher si elles sont bien faites ou si dans leur application elles répondent à tous les besoins en vue desquels elles vont être créées : ceci n'est pas de son ressort et ne regarde que le législateur ; à lui seul appartient le droit de les modifier, de les compléter ou de les rapporter, suivant que le temps ou les circonstances en ont démontré la nécessité.

Mais ici s'élève une objection plus spécieuse que solide, et qui nous a toujours été opposée comme fin de non-recevoir. C'est cette objection qui a été la cause des procès dont nous avons parlé, et que la Cour de cassation, ainsi que les Cours royales de Limoges, d'Amiens et de Saint-Omer, ont rejetée chaque fois qu'elle a été l'occasion d'une poursuite exercée envers les dentistes non pourvus de diplômes.

Cette objection, la voici : on nous dit et on nous répète « que la chirurgie dentaire fait partie de la médecine au même titre que l'oculistique ou tout autre spécialité médicale ; qu'en conséquence, nous sommes des médecins de fait, exerçant sans diplôme, en vertu du silence de la loi, et qu'il n'y a pas lieu de répondre à nos instances, en créant un nouveau titre à notre faveur ; que tout ce que nous pouvons demander, c'est de rentrer dans la règle commune et de nous soumettre aux examens de docteur en médecine ou à ceux d'officier de santé. »

A cela, voici ce que nous répondons : « L'art de la médecine et de la chirurgie dentaire est une profession *sui generis*, complète en elle-même et par elle-même, et n'empiètent jamais, quoi qu'il arrive, dans le domaine de la médecine proprement dite. »

Les rapports de ces deux sciences se touchent par un point trop restreint pour que l'on puisse avec raison les faire dériver l'une de l'autre, et les éléments qui les constituent sont, en général, tellement dissemblables, qu'il faudrait de toute nécessité, pour établir l'exactitude de l'objection qui nous est faite, admettre un principe et formuler en loi cette déposition vraiment exorbitante : qu'à l'avenir, pour pratiquer l'art dentaire, les élèves dentistes « auront à doubler », et cela sans aucun profit pour la science, le temps de leur scolarité, « parce qu'ils devront être tout à la fois et docteurs en médecine et mécaniciens-dentistes ! »

En effet, cette profession exige une trop longue série de connaissances extra-médicales, que l'on n'enseigne ni dans les Facultés de médecine, ni dans les écoles secondaires de médecine et de pharmacie, pour ne pas comprendre d'avance que celui qui voudrait s'y livrer serait obligé, pour obéir aux prescriptions légales et après avoir obtenu le diplôme de docteur en médecine ou celui d'officier de santé, de se soumettre à un autre apprentissage aussi long que le premier, si son désir était d'exercer l'art dentaire avec la même distinction qu'il aurait pu exercer l'art médical en se bornant à ses premières études.

Telles seraient donc, Messieurs, les conséquences rigoureuses de la loi nouvelle dont nous sollicitons la création ; si elle était fondée sur le principe que nous venons de combattre, « c'est qu'à la place des dentistes capables et instruits que nous désirons, et dont la pratique médicale et chirurgicale est nettement déterminée », elle créerait, suivant l'heureuse expression de M. Fanton, « des encyclopédistes, obligés, pour conquérir leurs grades, de passer de nombreuses années dans une école de médecine, dans les hôpitaux « et des « ateliers » ; ce serait, pour ainsi dire, quand notre art est borné dans ses applications, nous perdre dans le domaine infini de la science. » Cela n'est pas possible.

Mais le serait-il davantage de laisser les choses dans le *statu quo?*

Non certainement; ce qui à la rigueur pouvait encore passer dans les années antérieures ne le peut plus aujourd'hui. Autrefois le dentiste se bornait à extraire, limer, plomber ou aurifier les dents et à les remplacer du mieux qu'il pouvait. Aujourd'hui tout est changé, il les guérit!.....

A cet effet, une thérapeutique dentaire a été créée. On fait usage des agents toxiques les plus dangereux; l'acide arsénieux, les sels de morphine, les extraits de jusquiame, de belladone, de datura, le sulfate d'atropine, la poudre de Cobalt, la soude et la potasse caustique, l'azotate d'argent, les acides chromique, nitrique et chlorhydrique, le bichromate de potasse, l'iode en teinture et ses composés, etc., etc., sont tour à tour mis à contribution pour les maladies de la bouche et des dents, et cependant le premier venu peut s'improviser dentiste; tous les jours notre profession est envahie par des hommes complètement illettrés et jusque-là entièrement étrangers à notre art; pourtant, eux aussi, ils veulent guérir les dents en une seule séance!

CONCLUSION.

Enfin, Messieurs les Sénateurs, c'est à la loi du 19 ventôse an XI, sur l'exercice de la médecine, modifiée depuis ou réglementée par des décrets et ordonnances divers, que la France doit aujourd'hui le rang élevé où se sont placées parmi celles des autres nations les écoles de médecine qu'elle a fondées chez elle et d'où sont sortis tous ces grands praticiens dont elle s'honore à si juste titre et qui sont une de ses gloires les plus pures et les plus enviées de tous les autres États du monde, auxquels elles pourraient servir de modèle.

Les soussignés osent donc espérer, Messieurs les Sénateurs, que, sans porter atteinte aux droits acquis en vertu du silence de la loi, vous voudrez bien faire pour la chirurgie dentaire ce que les législateurs de l'an XI ont fait pour la médecine proprement dite, et qu'en raison des différences notables qui existent entre ces deux professions, vous voudrez bien décider qu'à l'avenir nul ne pourra exercer l'art de la médecine et de la chirurgie dentaire dans tout ou partie de son ensemble sans être muni d'un diplôme spécial de médecin ou chirurgien-dentiste dont les attributions seront déterminées suivant les formes ordinaires de la loi.

Et dans le cas, Messieurs, où il resterait encore quelque incertitude sur la valeur de nos légitimes réclamations, nous vous prions de vouloir bien ordonner qu'il soit fait une enquête par les soins de Son Excellence Monsieur le Ministre de l'Instruction publique, afin que nous puissions répondre plus amplement à toutes les demandes qui nous seraient faites sur les motifs qui ont dirigé les signatures de cette pétition.

En reconnaissance d'un si grand bienfait rendu à leur profession aussi bien qu'à la santé publique, les soussignés prennent l'engagement solennel de consacrer tous leurs efforts à maintenir la médecine et la chirurgie dentaires dans une marche toujours ascendante, afin qu'elles soient toujours au niveau du progrès scientifique et intellectuel de notre époque.

C'est dans ces sentiments que nous sommes avec le plus profond respect, Messieurs les Sénateurs,

Vos très humbles et très obéissants serviteurs.

LISTE

DES

ARTICLES SIGNÉS PAR M. FANTON DANS *L'ABEILLE*

1° *A nos lecteurs* (janvier 1862).

Article sur le sujet suivant : *Dans le siècle où nous vivons, l'ignorance ne saurait être tolérée chez ceux qui exercent l'art de guérir.*

2° *A nos lecteurs* (février 1862). — Dans cet article l'auteur remercie des encouragements qu'il a reçus et demande l'union des Dentistes. — Quelques renseignements à propos d'un nouvel instrument.

3° *Réponse à M. le docteur B. Lunel* (mars 1862). — Article de polémique à propos d'un article sur de la Barre.

4° *Les deux « Abeilles »* (mars 1862). — Article de polémique à propos du titre *l'Abeille* avec celui de *l'Abeille médicale.*

5° *Variétés* (mai 1862). — Compte-rendu de l'ouvrage de M. Dorigny : *La bouche humaine.*

6° *De la profession de Dentiste et des améliorations qu'elle réclame* (juillet 1862).

7° *Société de prévoyance et de secours mutuels entre les Dentistes Français* (août 1862). — Statuts de cette société, compte-rendu de la séance. Décret sur les sociétés de secours mutuels.

8° *Une annonce réjouissante* (août 1862). — A propos d'une annonce sur un journal de Blois.

9° *La Prothèse Dentaire aux expositions de l'Industrie* (septembre 1862). — *Pas de Dentistes aux expositions.*

10° *Instruction professionnelle* (novembre 1862). — Appel aux Dentistes pour former une association de Dentistes Français en attendant un diplôme.

11° *A la fin d'une première année* (décembre 1862). — Compte-rendu de l'année écoulée et présentation aux lecteurs de *l'Abeille* de nouveaux collaborateurs.

12° *Qui va à la chasse perd sa place* (février 1863). — Article de critique.

13° *Quelques observations à propos d'un récent article de M. le docteur de la Barre* (mars 1863).

14° *Une réclame « Franco-Américaine »* dans *l'Écho du Nord*, et rectification à propos de cette réclame.

15° *Correspondance* (juin 1863). — Remerciements adressés à *l'Abeille*, à propos du projet d'association. Guerre aux soi-disant américains.

16° *Nécrologie* (septembre 1863). — Décès du docteur Toirac. Quelques critiques à propos de la profession de Dentiste.

17° *Quand et comment serons-nous diplômés?*

18° *Un prospectus Américain* (décembre 1863). — Article sur la réclame des Américains.

19° *Lettre à M. le Doyen de la Faculté de médecine de Paris* (janvier 1864). — M. Fanton propose d'envoyer une pétition au Sénat, et cite une lettre d'Orfila qui a pris fait et cause avec lui.

20° *Encore M. P... ; une de ses lettres.* — Réponse par M. Fanton (février 1864). — Critiques sur M. P... : *Êtes-vous Français ou Américain?*

21° *A nos lecteurs* (juin 1864). — *Critique des Anglais et des Américains.*

22° *Biographie de Talma* (juin 1864).

23° *Observation sur une troisième Dentition* (septembre 1864).

24° *Prix de 300 fr. offert aux Dentistes Français.* — Concours (novembre 1864).

25° L'année 1864 : *Coup d'œil rétrospectif* (décembre 1864). — Depuis sa fondation *l'Abeille* a poursuivi son but : chatier l'empirisme, et ne s'est pas écartée de son programme en avant ! — Critique sur M. Audibran, qui demande la réglementation par le diplôme de Docteur. — Offre de 100 fr. pour un concours. — Conversion du prix de 300 fr. en une médaille d'or.

26° *Avis* (janvier 1865). — Appel aux pétitionnaires. « Hercule veut qu'on se remue, puis il aide les gens. »

27° *Observations générales* (mars 1865). — A propos de la pétition des Dentistes au Sénat.

28° *Le caoutchouc durci et les Américains endurcis* (juin 1865). — Contre M. P..., qui se disait l'inventeur du caoutchouc durci.

29° *M. P... et ses obturateurs devant la Société de Chirurgie* (août 1865). — Critique adressée aux membres de la Société de Chirurgie.

TABLE

IMP. GEORGES JACOB, — ORLÉANS.

www.ingramcontent.com/pod-product-compliance
Ingram Content Group UK Ltd.
Pitfield, Milton Keynes, MK11 3LW, UK
UKHW021502260726
13993UKWH00004B/1526

9 782329 256207